Apprendre à connaître et à aimer l'Islam

Un livre pour enfants présentant la religion de

l'islam

COLLECTION SINCERE SEEKER KIDS

Qu'est-ce que l'islam ?

L'islam consiste à obéir et à se soumettre pleinement à notre Créateur, celui qui vous a créés et qui nous a créés, celui qui a créé le monde entier et tout ce qui nous entoure. Nous ne pourrons vivre en paix et heureux dans ce monde et dans le prochain que si nous nous soumettons à Dieu en croyant en lui et en obéissant à ses commandements.

L'islam est une religion dans laquelle les musulmans croient et adorent le seul véritable Dieu, Allah, qui sait tout, le Tout-Puissant et le Tout-Aimant. Il nous aime beaucoup, et nous devons l'aimer aussi.

L'islam est un mode de vie complet qui nous enseigne comment vivre notre vie, ce qui est bon et mauvais pour nous, ainsi que l'amour et la paix. Suivre l'islam fera de nous de meilleurs êtres humains.

L'Islam nous apprend que nous devons être bons envers nos parents, nos amis et nos voisins. L'Islam nous apprend que nous devons aider ceux qui sont dans le besoin et vivre notre vie de la meilleure façon possible. Allah nous a créés pour que nous puissions l'adorer, et il nous a créés pour nous tester. Si nous croyons en Dieu et que nous menons une bonne vie, nous serons récompensés par le paradis dans l'au-delà, où nous vivrons pour toujours et nous pourrons demander tout ce que nous désirons.

Qui est Allah ?

Le mot "Allah" est le nom de Dieu. Il est le Seul et Unique Dieu. Allah n'a jamais eu de commencement et n'est jamais né. Allah n'aura jamais de fin. Il est le Créateur des Cieux et de la Terre, le Créateur de l'Univers, votre Créateur et le mien. Tout appartient à Allah. Il est le Roi de tous les rois. Allah n'a pas de père, ni de mère, ni de fils, ni de fille, ni de famille, ni d'égal. Rien n'est comme Allah. Nous ne pouvons pas imaginer à quoi il ressemble. Allah ne se fatigue pas, ne se repose pas et ne dort pas.

Allah sait tout. Allah voit et entend tout. Allah est celui qui nous procure de la nourriture délicieuse, des boissons savoureuses et une maison confortable. C'est Lui qui nous envoie la pluie, qui fait rayonner le soleil et qui éclaire la belle grande lune. C'est Lui qui nous a fait don de nos vies, de nos parents aimants et de nos familles heureuses. Il nous a donné la capacité d'entendre, de sentir, de goûter et de voir. Il nous a fait don de nos cœurs, de nos esprits, de nos âmes, de nos forces et de nos compétences. Allah nous donne et ne cesse de donner.

Allah doit être adoré et obéi. Allah est le plus Aimant, le plus Miséricordieux et le plus Pardonneur. Nous devons nous tourner vers Allah lorsque nous passons une mauvaise journée, et nous devons remercier Allah lorsque nous passons une bonne journée. Nous devrions parler et faire des dou'as et des prières à Allah et Lui demander tout puisque tout Lui appartient. Il est toujours à l'écoute et peut entendre tout ce que nous disons et ce que nous demandons. Il connaît tous les secrets. Nous devrions également nous tourner vers Allah pour obtenir des réponses, de l'aide et de la protection. Dieu est celui qui prend soin de nous, qui nous protège et qui nous aime tant. Lorsque nous commettons une erreur, nous pouvons demander à Allah de nous pardonner, et Il l'acceptera et nous pardonnera. Allah est au-dessus de nous, au-dessus des cieux, au-dessus de Son trône. Allah a beaucoup de noms. Allah a 99 noms spéciaux. Nous devrions essayer de les apprendre et de les mémoriser pour en savoir plus sur Lui et nous rapprocher de Lui. Allah devrait être notre meilleur ami. Il nous connaît et nous aime tellement ; nous devrions apprendre à le connaître et à l'aimer en retour.

Qu'est-ce que le Saint Coran ?

Allah nous parle et nous explique ce que nous devons faire et ce que nous ne devons pas faire dans son Livre, le Saint Coran. Le mot "Coran" signifie "récitation". Allah a fait descendre le Saint Coran à travers l'ange Gabriel qui l'a récité au Prophète Mohammed, que la paix soit avec lui, qui nous l'a ensuite récité. Le Saint Coran a été révélé au cours du mois sacré du Ramadan, le 9e mois du calendrier islamique. Le Saint Coran est la Parole exacte d'Allah, mot par mot, lettre par lettre. Le Saint Coran n'a jamais été modifié. Le Saint Coran est écrit en langue arabe.

Le Saint Coran contient les demandes et le message de Dieu pour nous, et nous devrions le lire tous les jours. Le Saint Coran est un guide sur comment nous devons vivre notre vie. Le Coran nous enseigne que nous devons être honnêtes et ne jamais mentir ou tricher, que nous devons être charitables envers les pauvres et que nous devons être gentils et justes envers nos parents, nos voisins, notre famille et nos amis. Le Saint Coran nous met en garde contre le fait de maltraiter les personnes, les animaux et les plantes. Le Saint Coran nous apprend à aimer, à compatir, à croire et à faire preuve de bonne volonté. Allah nous rappelle Son amour, Sa compassion et Sa miséricorde tout au long du Saint Coran. Si nous appliquons le Saint Coran, nous vivrons une bonne vie dans ce monde et nous serons récompensés au Paradis.

Le Saint Coran est mémorisé par des millions de personnes de tous âges dans le monde entier. C'est le livre le plus lu au monde. Allah a promis dans le Saint Coran de le rendre facile à comprendre et à mémoriser pour les gens. Le Saint Coran est destiné à être lu à haute voix et avec un ton mélodieux. Le Saint Coran compte 114 chapitres appelés sourates en arabe, et chaque phrase ou expression est appelée Ayat. Le Saint Coran est le plus grand miracle de Dieu et renferme des centaines de miracles. Nous devrions lire le Saint Coran tous les jours et essayer d'apprendre ses messages puissants et ses leçons.

Qui sont les Messagers et les Prophètes de Dieu ?

Dieu le Tout-Puissant a choisi des Messagers et des Prophètes pour nous transmettre Son Message et nous enseigner ce qu'Il veut et ce qu'Il attend de nous. Dieu nous a envoyé des milliers de prophètes et de messagers au fil du temps. Chaque nation sur Terre a reçu un Messager ou un Prophète. Tous les Messagers et Prophètes de Dieu ont transmis le même message général, à savoir qu'il n'y a personne d'autre qu'Allah qui soit digne d'être adoré, et qu'Il est le Seul et Unique, sans associé, fils, fille ou égal. Tous les autres dieux sont fictifs et sont des créations de Dieu, et non le véritable Créateur. Écouter les Messagers et les Prophètes d'Allah et leur obéir nous amènerait à nouer un lien avec Allah et à l'aimer.

Les musulmans croient, respectent, honorent et aiment tous les Messagers et Prophètes de Dieu, à commencer par le Prophète Adam, en passant par Noé, Abraham, Ismaël, Jacob, Moïse et le Prophète Jésus, que la paix soit avec eux tous, qui ont tous appelé les gens à adorer Dieu. Dieu a choisi les meilleurs d'entre nous pour délivrer Son message. Les Prophètes et Messagers étaient les meilleurs en morales et en comportements. Le dernier et ultime Messager et Prophète de Dieu est le Prophète Mohammed, la paix soit sur lui, qui a été envoyé à la toute dernière et ultime nation, notre nation.

Qui étaient les Nations précédentes et que leur est-il arrivé ?

Tous les prophètes de Dieu sont arrivés avec des miracles et des signes pour prouver que Dieu les a envoyés. Seuls les Prophètes peuvent accomplir des miracles. Dieu a accordé au prophète Moïse, la paix soit avec lui, des miracles, comme le pouvoir de transformer son bâton en serpent et de fendre la mer Rouge. Ces miracles avaient pour but de rappeler aux gens que le pouvoir, le contrôle et la puissance de Dieu sont réels. Le prophète Jésus, la paix soit avec lui, a été né miraculeusement sans père et a pu guérir les personnes atteintes de la lèpre, guérir les aveugles et ressusciter les morts, tout cela avec la permission et la volonté de Dieu. Le tout dernier et ultime prophète de Dieu, Mohammed, la paix soit avec lui, a reçu un miracle que nous pouvons tous voir et entendre aujourd'hui, le Saint Coran, qui renferme des centaines de miracles.

Le Saint Coran parle des histoires des nations précédentes, où des Messagers et des Prophètes ont été envoyés pour délivrer le message de Dieu. Mais les gens ont rejeté, désobéi et ignoré le message de Dieu. Dieu a envoyé le prophète Noé, la paix soit avec lui, à son peuple, où il a prêché le message d'Allah pendant 950 ans, appelant les gens à adorer le Dieu Unique et à suivre ses commandements, mais seules quelques personnes ont cru en lui. Son peuple l'a renié et s'est moqué de lui. Après avoir été ignoré, Dieu ordonna au prophète Noé de construire un bateau. Son peuple pensait qu'il était fou de construire un bateau sur une terre où il n'y avait pas d'eau à proximité.

Peu de temps après, l'eau se mit à sortir de la terre et à tomber du ciel. Dieu demanda au prophète Noé de monter sur le bateau avec ceux qui avaient cru en son message. Il a également demandé au prophète Noé de prendre à bord un mâle et une femelle de chaque animal. Dieu entraîna alors un déluge, au cours duquel l'eau sortit de toutes les fissures de la Terre, et la pluie tomba du ciel comme jamais auparavant. Puis ce déluge emporta les mauvaises personnes.

Qui est le Prophète Mohammed ?

Avant le Prophète Mohammed, la paix soit avec lui, les Prophètes n'étaient envoyés qu'à des peuples spécifiques dans des lieux et des périodes spécifiques. Toutefois, le Prophète Mohammed est le tout dernier Prophète, qui s'adresse à toute l'humanité jusqu'à la fin des temps. Le Prophète Mohammed, la paix soit avec lui, est né à la Mecque, dans la péninsule arabique. Les habitants de la Mecque vénéraient les idoles et cette région ainsi que l'époque étaient marquées par l'ignorance, la folie et l'aberration. À l'âge de quarante ans, le Prophète Mohammed a reçu de Dieu, à travers l'ange Gabriel, sa première Révélation dans une grotte. Il a ensuite passé le reste de sa vie à expliquer et à appliquer les instructions du Saint Coran et de l'Islam, la religion que Dieu lui a révélée.

Même s'il était connu au sein de sa communauté comme honnête et digne de confiance, la plupart des gens ne croyaient ni en lui ni en son message. Peu de temps après, les personnes croyantes ont été maltraitées par ceux qui refusaient de croire au message de Dieu. Le prophète Mohammed, la paix soit avec lui, a diffusé le message de Dieu dans la ville de la Mecque pendant treize ans. Puis le prophète Mohammed et les croyants se sont rendus à Médine, où il a gagné beaucoup plus de partisans, qui ont fait de lui le chef de la ville.

Les mécréants de la Mecque se mirent à planifier et à tenter d'attaquer l'Islam et les musulmans, mais ce qui n'était à l'origine qu'un petit groupe de musulmans se renforça en nombre, et ils purent survivre à l'attaque des mécréants. En l'espace de dix ans, le prophète a pu mener une armée vers la Mecque et conquérir la ville. Plus tard, l'islam s'est répandu dans le monde entier. Le Prophète Mohammed décéda en 632. Dieu fit savoir dans le Coran qu'il n'avait envoyé le prophète Mohammed, la paix soit avec lui, que comme miséricorde pour nous.

Le Prophète Mohammed, la paix soit sur lui, a été envoyé pour nous guider et nous rapprocher d'Allah. Le Prophète Mohammed, la paix soit avec lui, avait assimilé le Saint Coran. Il aimait le Saint Coran, et il avait adopté ses principes dans sa vie. Il est le meilleur modèle pour nous. Il est celui qui possède des vertus et des caractéristiques exceptionnelles. Il était le meilleur mari, père, grand-père, leader, enseignant, juge et homme d'État. Il a prêché la justice, l'équité, la paix et l'amour.

Les musulmans essaient de reproduire et de suivre la foi, le comportement, l'attitude, la patience, la compassion et la droiture du Prophète Mohammed. L'acte de reproduire les enseignements du Prophète est appelé "Sunna". Nous essayons de suivre la manière dont le Prophète mangeait, buvait, la position dans laquelle il dormait, et comment il se comportait et interagissait avec les autres.

Qu'est-ce qu'un musulman ?

Le mot "musulman" désigne une personne qui se soumet à la volonté et aux lois d'Allah. Le message de l'islam a toujours été adressé à tous les peuples. Toute personne qui accepte ce message devient un musulman. Une personne sur quatre sur cette Terre est musulmane. Il y a 1,8 milliard de musulmans dans le monde, ce qui représente environ 24 % de la population mondiale. Seuls 18 % des musulmans sont des Arabes. De nombreux musulmans vivent en Europe, en Asie du Sud-Est et en Occident. L'islam ne se limite pas à une ethnie ou à un groupe de personnes. Les musulmans viennent d'une grande variété de milieux ethniques, de races, de cultures et d'origines nationales.

Dans l'islam, adorer Dieu inclut tout acte, toute croyance ou toute affirmation que Dieu approuve et aime. Tout ce qui rapproche une personne d'Allah est un acte d'adoration. L'adoration d'Allah comprend les prières rituelles quotidiennes, le jeûne, la charité et même le fait de croire aux anges, aux livres de Dieu et à ses Prophètes. L'adoration de Dieu comprend également le fait de l'aimer, de lui être reconnaissant et de lui faire confiance.

Quel est le but de notre vie ?

Nous ne pouvons connaître le but de notre vie que si Dieu nous guide. Nous devons demander à notre Créateur de nous guider, de nous montrer le bon chemin et de nous révéler pourquoi nous avons été créés. Dieu nous guide à travers Son Livre, le Saint Coran, et les prières. Notre mission est de croire en Lui et d'être un bon serviteur en Lui obéissant et en étant bon. Ceux qui réussissent ce test entreront au Paradis pour toujours. Le but de notre vie est de trouver Allah, de développer notre lien avec Lui, de faire de notre mieux pour obéir à Ses commandements et d'être la meilleure personne que nous puissions être. La vie dans ce monde est également un test pour nous. Dieu nous teste tous. Si nous menons une bonne vie en tant que musulmans, nous réussirons le test.

Qu'est-ce que le Hadith et la Sunna ?

Le Saint Coran est la référence principale de l'Islam et la Parole de Dieu. Le saint Coran est le seul livre au monde qui renferme la Parole exacte et pure de Dieu lui-même. Quant au Hadith, il représente la deuxième référence de l'islam. Contrairement au Coran, les affirmations connues sous le nom de Hadiths ont été préservées par des humains et non directement par Dieu.

Pendant que le Prophète Mohammed, la paix soit avec lui, pratiquait et prêchait les enseignements de l'Islam et du Saint Coran à ses compagnons, ces derniers rapportaient et archivaient les affirmations, actions et croyances du Prophète. Les compagnons du Prophète Mohammed, la paix soit avec lui, les réunissaient, et plus tard, des experts spécialisés dans le Hadith, ont rassemblé ces affirmations et les ont appelées Hadith.

Le terme "Hadith" désigne une narration ou une affirmation que le Prophète Mohammed, la paix soit sur lui, a dit, fait ou approuvé. Le hadith peut également faire référence à la réaction ou au silence du Prophète en réponse à quelque chose que d'autres ont dit ou fait.

Les actes et les pratiques du Prophète sont appelés Sunna. Le Prophète Mohammed est le modèle sacré que nous devons adopter et suivre, puisque Dieu nous l'a envoyé pour nous montrer comment nous devrions mener notre vie.

Quels sont les Six Articles de Foi ?

Pour devenir musulman, chaque adepte doit croire en six Articles de Foi (qui se traduit par le mot Iman en arabe). Ces six articles de Foi représentent le fondement du système de croyance islamique. Les six articles de Foi sont :

Croire en l'unicité d'Allah
Croire aux anges d'Allah
Croire aux prophètes et messagers d'Allah
Croire aux livres d'Allah
Croire au Dernier Jour, au Jour de la Résurrection et au Jour du Jugement Dernier.
Croire en la prédestination divine

L'unicité de Dieu

Le premier et le plus important article de Foi en Islam est de croire en l'unicité de Dieu. La Foi commence par croire en Allah, le Glorieux, d'où découlent toutes les autres facettes de la Foi. Un musulman croit et reconnaît que nul n'est digne de son adoration, de son amour, de sa loyauté, de son sacrifice, de son espoir et de sa crainte, à part Allah, notre Créateur. Dieu n'aime pas que les gens adorent d'autres dieux que lui, puisque tous les autres dieux sont fictifs. Dieu est le Seul que l'on doit adorer.

Quels sont les cinq piliers de l'islam ?

La religion de l'islam repose sur cinq fondements ou piliers primaires. Ces cinq piliers ou devoirs religieux sont indispensables, et chaque musulman doit les suivre et les pratiquer au mieux de ses capacités. Les cinq piliers sont mentionnés individuellement dans le Saint Coran et dans les récits du Prophète Mohammed, la paix soit avec lui, connus sous le nom de Hadiths. Les cinq piliers de l'islam sont les suivants :

Attester qu'il n'y a qu'un seul Dieu (Allah) et que Son dernier et ultime prophète est le Prophète Mohammed, la paix soit sur lui.
Faire les cinq prières obligatoires.
Se soucier des nécessiteux et leur faire l'aumône (Zakat en arabe)
Jeûner pendant le mois de Ramadan (pour l'auto-purification)
Faire le pèlerinage à La Mecque (au moins une fois dans sa vie pour ceux qui peuvent l'accomplir et qui en ont les moyens).

Les musulmans prennent ces cinq piliers très au sérieux et leur accordent plus de priorité que d'autres choses dans la vie.

Qu'est-ce que le Jannah (Paradis) ?

Jannah est souvent traduit par "jardin vert". Le Jannah ou Paradis est situé au septième ciel. Tous les musulmans doivent croire au Jannah (Paradis). Le Jannah est un endroit magnifique, relaxant, paisible et agréable dans lequel les musulmans qui croient en Dieu et mènent une vie correcte, vivront pour toujours. Tout ce que quelqu'un souhaite au Jannah, il l'obtiendra. Les habitants de Jannah ne verront que de bonnes choses et n'écouteront que des sons merveilleux. Les personnes présentes au Paradis seront entourées d'autres bonnes personnes et retrouveront les membres de leur famille qui ont mené une vie honnête. Il n'y a pas de tristesse, de douleur, de soucis, d'ennui, de colère, de haine, de jalousie, de maladie ou de peur à Jannah.

Le Jannah est si grand et si beau que nos esprits ne peuvent même pas imaginer à quoi il ressemble. Le Paradis compte sept niveaux, et chaque niveau est divisé en plusieurs paliers, niveaux et catégories. Chaque niveau supérieur du Paradis offre de plus grandes joies et de plus grands plaisirs et est plus impressionnant que le niveau inférieur. Le Paradis renferme huit portes. Le plus haut niveau du Paradis est appelé Jannat Al-Firdaous.

Le Paradis abritera de nombreuses demeures en or et en argent. Il y aura plusieurs pièces à l'intérieur de ces demeures, avec des chutes d'eau en dessous. Les terres de Jannah sont faites de musc blanc pur, et les galets sont en perles, rubis, diamants et bijoux. Les personnes présentes à Jannah se détendront dans leurs luxueux canapés moelleux et leurs lits avec des porte-verres et des couvertures confortables. Les résidents du Paradis mangeront et boiront tout ce qu'ils désirent. Si une personne aperçoit un oiseau qu'elle souhaite manger, celui-ci tombera rôti entre ses mains. On leur présentera des verres en rubis, perles et diamants brillants. Les fruits pendront librement des arbres et s'abaisseront automatiquement pour qu'ils puissent en manger. Les vêtements de Jannah ne s'useront jamais et ne vieilliront jamais.

Rien ne sera plus agréable et plus cher que le meilleur cadeau du Paradis, celui de voir le visage d'Allah, le Glorieux. Ce sera le cadeau le plus précieux pour les personnes qui ont mené une vie correcte. Nous devrions faire de notre mieux pour vivre une vie honnête, afin de pouvoir entrer au Paradis avec nos familles et vivre heureux pour toujours.

La fin.

www.ingramcontent.com/pod-product-compliance
Lightning Source LLC
Chambersburg PA
CBHW061107070526
44579CB00011B/165